AF265680

QUESTION SOCIALE

CONFÉRENCES

Prêchées dans l'Église du Fond-de-Givonne

les 7 et 10 Mars 1892

Par M. L'Abbé E. TOUSSAINT

Curé de Villers-Cernay

BALAN-SEDAN

IMPRIMERIE DU PATRONAGE

1894

LA CRISE SOCIALE.

Messieurs,

— Avant d'aborder nos sujets de conférence, il est bon de vous dire que nous avons convoqué ces réunions, dans l'intérêt des ouvriers ; parce que, prêtres catholiques, nous avons le devoir d'imiter J. C. qui a toujours aimé d'une façon spéciale les humbles et les souffrants ; parce que, nous-mêmes, fils d'ouvriers, nous connaissons pour les avoir vues de près, les misères dont souffre la classe ouvrière.

Au rebours de ces égoïstes inattentifs déclarant *à priori* les plaintes de l'ouvrier mal fondées, nous reconnaissons que les travailleurs ont raison de se plaindre parce qu'ils souffrent.

Les conditions économiques ont si profondément et si rapidement changé, qu'elles ont laissé l'ouvrier dans une situation désemparée où il ne trouve aucune sécurité pour le lendemain.

Léon XIII a signalé dans son admirable Encyclique sur *la condition des ouvriers*, les causes générales et particulières de ce triste état de choses. La première cause générale, c'est la soif d'innovations, de changements qui tourmente notre siècle. Une autre se trouve dans les développements prodigieux que les découvertes contemporaines ont données à l'industrie.

Ces développements ont amené une transformation complète et regrettable dans les rapports entre les ouvriers et les patrons, une accumulation exagérée de richesses entre les mains d'un petit nombre, et une aggravation considérable de misère pour la multitude.

Le mal s'accroît chaque jour encore par l'effet de trois causes particulières.

La première est la suppression des corporations ouvrières opérée à la fin du siècle dernier. Cette suppression enlevant à l'ouvrier l'appui qu'il trouvait dans l'association avec ses camarades, l'a livré pieds et poings liés à l'oppression du capitaliste. Forcé de gagner un salaire quelconque pour ne pas mourir de faim, lui et sa famille, il s'est vu contraint d'en passer par toutes les volontés du patron à qui son capital permet d'attendre, et que la concurrence des travailleurs met ordinairement à même de choisir.

Remarquez, Messieurs, que quand je dis *patrons*, je n'entends pas parler de ceux d'entre vous qui ont sous leurs ordres un nombre le plus ou moins grand de travailleurs, mais je parle de ces patrons à millions qui bientôt, seront les seuls maitres et feront seuls la loi.

En même temps disparurent les principes chrétiens qui sont des principes de justice et de charité, et ainsi le travailleur perdit à la fois ses moyens matériels de résistance et la protection morale que la religion lui assurait contre l'injustice et l'inhumanité des riches.

Une seconde cause est l'usure, cette plaie dévorante qui sous mille formes déguisées absorbe les ressources du pauvre et consume les fruits de son travail. L'usure se pratique aujourd'hui en grand, presque dans toutes les branches de l'activité humaine : opérations financières, industrie, agriculture, etc... Elle absorbe le peu que possèdent les pauvres qui empruntent au profit des riches qui prêtent.

Une troisième cause c'est le changement qui s'opère depuis un siècle dans la répartition des richesses, et qui tend à concentrer tous les moyens de production entre les mains d'un petit nombre d'hommes dont les autres ne sont que les serviteurs et pour ainsi dire les esclaves.

Cette accumulation de richesses en quelques mains semble être une loi du monde actuel.

Par la logique fatale des choses, les grands magasins ruinent les autres ; les grandes banques, les grandes lignes de chemin de fer, les grandes fabriques, les grandes cultures absorbent inévitablement les petites ; les grands bazars de la capitale ruinent leurs rivaux de province par leurs succursales et absorbent dans la ville même tous leurs concurrents.

Cette concentration de toutes les richesses en quelques mains va si bon train, qu'avant peu il n'y aura plus aucun espoir, aucune perspective de succès pour les entreprises privées à moins d'être soutenues par de gros capitaux. Presque toutes les spécialités de l'industrie manufacturière sont déjà accaparées par des syndicats capitalistes, qui règlent les prix et écrasent toute concurrence. Les petits industriels sont réduits à vivre comme les rats et les souris, blottis dans des trous, comptant pour exister, sur leur obscurité qui les préserve de l'attention et qui les force pour pouvoir eux-mêmes faire honorablement face à leurs affaires, à diminuer le salaire déjà si peu élevé de leurs ouvriers.

Le fait est incontestable, et a pour résultat d'enrichir les riches et de creuser l'abîme entre eux et les pauvres ; d'où il suit par une conséquence nécessaire que les relations entre l'ouvrier et le patron, entre le travail et le capital sont disloquées. Les classes ouvrières sont comme infectées d'un profond mécontentement et d'un ardent désir de voir leur sort s'améliorer. L'ouvrier demande une plus haute paye, la réduction des heures du travail, un meilleur logement, une éducation plus complète, une part dans les raffinements et le luxe de la vie.

Les ouvriers ont une idée de ce qu'ils veulent, mais ils ne savent pas comment y parvenir. L'enthousiasme avec lequel ils se groupent autour de quiconque semble pouvoir éclairer leur chemin, fait une réputation inattendue à beaucoup de soi-disants guides, dont très peu possèdent la moindre notion de la route. Cependant quelque chimériques que puissent paraitre les aspirations des classes laborieuses, le dévouement que les travailleurs montrent à s'entr'aider dans les grèves, les sacrifices qu'ils s'imposent pour les faire aboutir, ne laissent aucun doute sur le sérieux terrible de leurs revendications.

Quant au résultat final de l'agitation ouvrière, l'opinion des heureux du jour, diffère selon le tempérament de chacun. Les plus égoïstes, c'est-à-dire, les moins chrétiens prétendent qu'il est impossible que les nouvelles espérances des classes laborieuses soient réalisées, tout simplement parce que le monde n'a pas de quoi les satisfaire. Le conflit, disent-ils, n'existe pas entre les capitalistes et les travailleurs, car les capitalistes ne font que maintenir la barrière de fer qui encercle l'humanité. Tôt ou tard ajoutent-ils, les ouvriers comprendront et se résigneront à endurer ce qu'ils ne peuvent guérir.

D'autres observateurs pessimistes vont si loin qu'ils prédisent un cataclysme social à brève échéance. L'humanité, selon eux, ayant atteint le dernier gradin de l'échelle de la civilisation, est sur le point de faire un plongeon dans le chaos, après quoi elle se relèvera, fera le tour et recommencera à grimper. C'est là assurément une opinion extrème, mais j'ai entendu des hommes qui veulent être sérieux, s'exprimer dans des termes très semblables.

Enfin dans l'opinion commune des penseurs, la société approche d'une période critique. Les crises ouvrières, leurs causes, leur étendue, leurs remèdes dominent tous les autres sujets dans les conversations sérieuses comme dans les feuilles publiques.

Parmi les remèdes proposés, il en est un surtout qui séduit les travailleurs. C'est le socialisme. Ce système, vous le savez, consiste à absorber, d'une manière plus ou moins complète, les droits essentiels de l'individu par la collectivité. Le socialisme est le frère du communisme, mais il s'en distingue beaucoup ; il est moins absurde, moins monstrueux et offre par là même plus de dangers. Il ne supprime pas radicalement la propriété individuelle, mais il la restreint outre mesure ; il ne détruit pas la famille, mais il fait de l'individu un simple rouage dans le mécanisme social.

Le socialisme tend en effet à réduire toutes les fonctions sociales à des fonctions publiques par une centralisation excessive : bureaucratie, fonctionnarisme, et autres contrefaçons de l'organisation sociale. Le socialisme c'est l'Etat providence universelle, qui se subtitue à la prévoyance paternelle, à la prudence individuelle, à la sagesse des associations libres ; il supprime tous les organismes intermédiaires entre la tête et les membres, entre le pouvoir central et les individus : plus de communes, plus de corporations, plus de familles puissantes ou du moins leur liberté est illusoire et leur influence nulle ; le terrain social est nivelé, le sol est pulvérisé. Qu'on se figure une immense exploitation dont le propriétaire unique est l'Etat, et dont les employés sont les citoyens, en retraite ou en fonctions, pensionnaires ou salariés, ouvriers, ingénieurs, professeurs attitrés.

Telle est, MESSIEURS, en deux mots, la doctrine aujourd'hui répandue aux quatre coins du monde et embrassée par un nombre toujours croissant de travailleurs. Un pareil système n'a pu trouver d'adeptes que parce qu'il cache parmi tant de revendications criminelles, des plaintes trop légitimes qu'on s'obstine à mépriser.

Certes, MESSIEURS, les passions sont assez fortes pour gagner les les hommes à l'injustice, et leur esprit est assez chancelant pour se laisser prendre aux apparences, mais il faut bien quelque vérité et quelque justice pour entraîner de la sorte les intelligences et les cœurs. Si le socialisme a jeté et jette encore la perturbation dans nos centres ouvriers, c'est qu'il dénonce des abus graves et découvre des plaies cruelles : l'égoïsme du mauvais riche et son insensibilité devant les souffrances du pauvre.

Par les utopies qu'il patronne, le socialisme prétend du moins atteindre un but qu'on ne saurait trouver mauvais ; l'amélioration physique et morale de la classe ouvrière.

L'ouvrier après tout ne saurait être tenu à la tâche ainsi qu'une bête sans repos et sans foyer ; n'avoir une femme et des enfants que pour les voir rapidement s'étioler et mourir d'un travail excessif ; des filles que pour les savoir livrées à la débauche et à une prostitution précoce. Vieux et infirme, l'ouvrier n'a-t-il point droit à quelque manière de retraite ? Pourquoi souffrirait-il toujours et n'aurait-il plus d'espérance ? Pourquoi habiterait-il une mansarde et travaille-rait-il au soleil et à la pluie pour gagner à peine de quoi ne pas mourir ? Personne ne voudrait contester que les réclamations de l'ouvrier ne soient justes et légitimes et qu'il ne faille aux hommes du peuple des liens qui les unissent pour défendre leurs intérêts communs, car enfin, il faut bien l'avouer à moins d'être un artiste en vogue, un avocat ou un médecin qui n'a que l'embarras de choisir les plus riches clients, celui qui ne peut compter que sur son travail est bien mal armé pour la vie.

Songez donc que cet homme, avant d'être capable de gagner son pain, doit consacrer le premier tiers de sa vie à l'apprentissage ou à l'étude, que la période vraiment féconde de la vie laborieuse n'excède guère trente ou quarante ans, quand elle les atteint ; qu'il a le droit et souvent le devoir d'assumer les charges d'une famille ; qu'il n'est pas de fer, mais sujet aux maladies, aux accidents, aux infirmités pré-coces ; songez encore qu'en France, tout homme est grevé d'impôts en naissant : il faut satisfaire au fisc avant de gagner pour soi-même un morceau de pain. Certes, il n'est pas injuste d'acheter le droit de vivre dans une société policée, mais nous constatons que le travail-leur modeste qui n'a que ses deux bras est mal armé dans sa lutte pour l'existence. Songez donc qu'une pauvre ouvrière qui n'a que son honnêteté et ses dix doigts gagne à peine un salaire qui ne l'em-pêche pas toujours de mourir de faim et dont l'insuffisance l'expose trop souvent à toutes les séductions. Assurément, une société où la condition du travail est devenue si difficile, où les richesses débor-dent et où l'on voit des milliers d'individus et de familles manquer du strict nécessaire, est une société qui n'est pas bonne. Il n'est pas d'âme un peu bien située qui ne souffre au spectacle des misères et surtout des vices dont elle foisonne. Un sociologue moderne, la com-pare à une diligence monstrueuse et encombrée, où de trop rares privilégiés, casés, à force de jouer des coudes, sur l'impériale ou dans le coupé, se font traîner par les attelages des prolétaires, suant, soufflant, se cabrant sous le fouet du sinistre cocher, la faim. L'image est un peu poussée au noir, on admettra qu'elle n'est pas tout à fait fausse.

Mais où est le remède ? Le système socialiste prétend faire entrer tout le monde dans la voiture ou que tout le monde doit s'atteler ; mais si l'on fait entrer tout le monde dans la voiture, il faudra qu'elle éclate ou qu'elle s'arrête ; si, au contraire, on attelle tout le monde, il ne restera plus personne pour jouir des beautés du paysage. Tout ce qu'on peut faire c'est de réparer la route et de multiplier les relais ; en d'autres termes, c'est d'établir un accord nouveau du capital et du travail. Tout le problème est là, mais qui le résoudra ? L'Eglise, Messieurs, avec son enseignement infaillible et son amour des hommes peut seule répondre à ce problème si complexe.

Avec l'Eglise il faut comprendre tous les patrons et tous les riches vraiment chrétiens. Eux aussi aiment le peuple et parfois jusqu'à la folie du sacrifice. Ils pratiquent leurs devoirs d'état et coopèrent aussi, chacun selon ses moyens, malgré les crises que nous traversons, à l'alliance du capital et du travail. On cite telle ou telle usine, entr'autres celles des Mame, des Schneider, des Laroche Joubert, des Boucicaut, des Harmel, où la question sociale est résolue, où la paix règne toujours, où le travail est joyeux et n'est jamais suspendu par des grèves et des chômages, où le patron et les ouvriers s'estiment et s'aiment mutuellement ; or dans ces usines trop rares, hélas ! une partie notable du capital engagé est possédé par les ouvriers. C'est là en raccourci l'image d'une société fraternelle, d'une société vraiment chrétienne.

Ah ! si nous étions vraiment chrétiens, c'est-à-dire, si nous aimions nos frères comme nous-mêmes, si les différents éléments de la société, riches et pauvres, patrons et ouvriers, travail et capital étaient pénétrés les uns envers les autres des sentiments de charité et de justice que le Christ nous a enseignés, si nous acceptions l'évangile pour code moral, la crise serait bientôt vaincue et les peuples retrouveraient avec la vérité religieuse, la paix des classes et le véritable progrès matériel.

Messieurs, nous venons vous parler de cette paix en vous annonçant la doctrine pontificale qui seule peut résoudre complètement le grand problème social.

Il ne s'agit ici ni d'une caste à défendre ni d'un parti politique à faire triompher. La doctrine du Christ est le terrain sacré où tous les partis doivent déposer les armes.

Nous désavouons d'avance toute parole qui pourrait blesser l'un d'entre vous. Le ministère que nous remplissons a pour signe de ralliement un drapeau qui domine tous les autres : c'est la croix de Jésus-Christ sur le bois de laquelle est gravé l'enseignement divin de la charité.

Messieurs, pardonnez cette émotion à ma jeunesse , mais je sens que nous sommes à une époque qui marquera dans l'histoire ; je sens que la société traine l'ancre et qu'elle est en passe de s'échouer. Où va-t-elle aborder ? Je l'ignore, mais ce que je sais bien c'est que le salut viendra de l'Eglise ; ce que je sais bien encore c'est que le clergé, le prêtre sera le principal instrument de ce salut. Nul mieux que le prêtre ne connait le peuple pour s'associer intimement à sa vie, à ses besoins et à ses peines ; nul mieux que lui n'a pénétré plus avant dans les âmes et dans toutes les couches de la société. Je jette donc un cri d'appel et d'espérance vers l'Eglise, vers le Prêtre, vers le Pontife suprême, premier organe de la vérité ; je jette un cri d'appel et d'espérance vers tous les catholiques généreux qui cherchent avant tout le royaume de Dieu et sa justice.

Messieurs, demain, nous aborderons directement la question sociale, en établissant la légitimité du droit de propriété.

Nous comptons sur votre bienveillant concours ; notre âme est à vous, comptez sur nous.

TOUSSAINT

Le Socialisme

Messieurs,

J'ai à vous parler aujourd'hui du socialisme et à vous le montrer dans ses applications, mais pour éviter toute confusion dans les esprits, il me parait nécessaire de commencer par bien expliquer sa théorie. Je dois à moi-même de vous prévenir que je n'ai aucune idée préconçue ; je me place avec vous en face de la société rêvée par les socialistes. Comment sera constituée cette nouvelle société ?

Sur quelles bases reposera son organisation ? On peut, je crois, les ramener à deux principales : 1° Suppression ou limitation très étroite du capital individuel, par l'abolition de l'héritage, du numéraire et du salaire, par la concentration, entre les mains de l'Etat, de toutes les branches de l'industrie et du commerce.

2° Application aux professions civiles du principe du service militaire universel et obligatoire.

Reprenons rapidement ces deux points.

En vertu du premier principe, les particuliers ne pouvant plus léguer leurs biens à leurs enfants, n'ont plus aucun intérêt à accumuler des capitaux destinés à mourir avec eux.

Ils ne pourraient du reste y parvenir puisque l'Etat monopoliserait toutes les sources de la richesse ; il serait l'unique mineur, l'unique fabricant, l'unique vendeur en gros et en détail, et sans doute aussi l'unique propriétaire foncier. La nation tout entière formerait une vaste société coopérative de production et de consommation. L'Etat ouvrirait à chaque citoyen un crédit uniforme, le même pour tous, chiffré en francs, correspondant à sa part du produit annuel de la nation. Muni de cette carte, qu'on estampillerait au fur et à mesure des achats, le citoyen se procurerait dans les magasins publics tout ce qui serait nécessaire à ses besoins largement calculés. Grâce à la suppression des chômages, des grèves, des armées permanentes et de mille rouages coûteux et encombrants de notre société moderne, la fortune publique augmenterait en peu de temps dans les proportions si considérables que tous les citoyens pourraient jouir d'une agréable aisance.

Voilà pour la distribution des richesses ; passons maintenant à leur production, c'est-à-dire à l'organisation du travail : Chaque citoyen devrait une certaine somme de travail à la société pour mériter sa place au soleil. Ce principe du travail obligatoire s'appliquerait avec une vigueur inflexible. Tous les jeunes gens seraient instruits, indistinctement aux frais de l'Etat. A l'âge voulu, ils entreraient dans l'armée du travail où ils avanceraient d'après leurs notes et leurs états de service. A un âge déterminé, le citoyen serait libéré du service industriel et toucherait sans travailler sa carte de crédit annuel.

Tel est dans ses grandes lignes, le tableau de la société idéale, rêvée par les socialistes.

Ce système si séduisant en apparence, montre toutes les difficultés dont il est rempli lorsqu'on l'amène sur le terrain pratique de la réalité. Nous allons le constater ce soir en étudiant ses conséquences nécessaires effrayantes pour tous.

*
* *

Et d'abord ne croyez pas, Messieurs, qu'on renverse les fondements d'une société comme on détruit un édifice vulgaire ; ne vous imaginez pas qu'on écrit dans un texte de loi : suppression de la propriété individuelle, et que l'œuvre est faite ? Décréter est facile, exécuter ne l'est pas.

A qui appartiendront tous ces biens, argent, terres, maisons et autres valeurs ? à l'Etat dites-vous ? mais l'Etat y a-t-il aucun droit ? n'est-ce pas l'épargne, l'économie, le travail qui ont mis les particuliers en possession de ces biens ? Croyez-vous que les propriétaires français subiront cette violence sans protester ? Que de rumeurs, Messieurs, que de bouleversements !

Dès le premier jour qui suivra votre décret spoliateur, chacun de nos hameaux, chacun de nos villages, chacune de nos villes deviendra un champ de bataille où la fortune de la France sera tenue en échec par la main de ses enfants. On ne change pas en quelques jours la nature le tempérament ni les habitudes des hommes ; la propriété privée est la base de toute la société humaine ; il est impossible qu'elle soit supprimée sans une lutte effroyable, une guerre à mort entre ceux qui possèdent et ceux qui veulent leur enlever leurs biens pour les donner à l'Etat.

Pour acquérir la possession de ces différents biens, argent, terres, maisons et autres valeurs, les hommes ne reculent devant aucun labeur, devant aucun sacrifice et parfois même devant aucun crime, ils ne se les laisseront évidemment arracher qu'avec le sang de leurs veines.

Et ceux dont nous parlons ne sont pas en petit nombre. Ce ne sont pas seulement les riches, ce sont tous les propriétaires, tous ceux qui possèdent un coin de terre, une chaumière, un titre de rente, une boutique, quelques meubles, c'est-à-dire la grande majorité de la race humaine. Beaucoup de ces petits propriétaires ne s'opposeraient pas peut-être à ce que les biens des riches fussent transférés à la nation ; mais si l'on veut toucher à leurs propres biens, dont l'acquisition leur a tant coûté et auxquels ils tiennent comme à la prunelle de leurs yeux ; si l'on prétend faire de cette propriété, qui aujourd'hui n'appartient qu'à eux, la propriété de tous, on verra aussitôt éclater un formidable soulèvement, une guerre civile, telle que l'humanité n'en a jamais connue. Où sont-ils, combien sont-ils, ceux qui sont prêts à se dépouiller en faveur de la société !

La seule prévision de l'application du principe socialiste, c'est-à-dire de la mise en commun de tous les biens suffirait pour jeter le désordre partout et arrêter la vie sociale. Supposez un instant, que les agriculteurs, les industriels, les commerçants et les ouvriers soient assurés que les produits de leurs champs, de leurs fabriques, de leurs comptoirs et de leur labeur vont devenir la propriété commune de tous, que la société leur distribuera comme à tous les autres une part proportionnelle dans la jouissance de ces biens, aussitôt les campagnes resteront en friche, les fabriques et les comptoirs se fermeront et l'ouvrier refusera de travailler pour un salaire qui ne doit pas lui appartenir.

La tentation et même la seule prévision de la mise en pratique de la doctrine socialiste entraînerait donc inévitablement une ruine universelle et une effroyable crise sociale.

Mais soit, Messieurs, l'abolition du droit de propriété s'accomplira au milieu d'une tempête, à la grande surprise de ceux là-même qui auront frappé ce grand coup, et qui le lendemain, confondus dans leur propre audace, attendront comme tout le monde, avec une poignante curiosité, le résultat de cette obscure expérience ; ou expropriera tous les particuliers de leurs biens, l'Etat sera l'unique possesseur de la terre, de la propriété bâtie, des biens mobiliers : meubles, argenterie, instrument de travail, marchandises, dépôts, ateliers, chemins de fer, actions, obligations mines etc... Il n'y aura plus ni riches ni pauvres, ni capitalistes la société sera chargée de pourvoir aux besoins de tous, oui on fera cette révolution, et après ? Croyez-vous que le sort des hommes dans ce nouvel état de choses sera amélioré ? Aura-t-on trouvé le bonheur public, le bien être des familles et des individus ? Enfin qu'y a-t-il de vrai dans cette peinture alléchante que font les écrivains socialistes de cet âge d'or qu'ils nous promettent ?

Un instant de réflexion et un grain de bon sens suffisent pour s'en rendre compte.

Le premier résultat du nouvel état de choses serait la servitude universelle pour l'individu et la famille. En effet, dans le système socialiste, la société seule, c'est-à-dire l'Etat ou la nation, serait propriétaire des biens nécessaires à l'entretien de la vie humaine ; à elle seule incomberait la charge de pourvoir aux besoins de tous ; à elle par conséquent le soin de l'agriculture, de l'industrie, du commerce avec l'étranger, de l'éducation, des arts ; en d'autres termes la société seule serait chargée de la production et ensuite de la distribution de tous les produits.

Or la production des choses nécessaires ou utiles à la vie humaine ne s'obtient que par le travail, et la société chargée de cette production devrait nécessairement être chargée aussi de répartir le travail entre tous les citoyens : travail des champs, travail des usines, travail de l'éducation, du gouvernement, de la littérature, en un mot, travail de toute nature, tel qu'il s'accomplit sous nos yeux pour fournir à notre consommation de chaque jour. Mais chacun le sait, les divers travaux nécessaires à la vie, ne sont ni également faciles, ni également attrayants ; les plus pénibles sont précisément les plus nécessaires et ceux qui exigent le plus grand nombre de travailleurs. Il faudra donc que la société impose à chacun son genre de travail, sa durée et le lieu où il devra s'accomplir ; autrement tous les citoyens, ayant des droits égaux et assurés d'obtenir toujours le même résultat de leur labeur quel qu'il soit, choisiront les travaux les moins pénibles et la production des choses nécessaires à la vie s'arrêtera.

Supposez que tous les français aient les mêmes droits à choisir leur part du travail général et soient assurés d'en retirer le même résultat, c'est-à-dire la même quantité de choses nécessaires à la vie, combien seront-ils ceux qui choisiront le dur travail du mineur, ou du laboureur, du vigneron, du garçon de ferme, du balayeur des rues, du maçon, du terrassier, du casseur de pierres, du chauffeur de machines de nos vaisseaux.

Le Président de la République ne devant pas toucher des appointement supérieurs à ceux de son cuisinier ; et ne devant pas jouir d'une plus haute considération, car le socialisme réclame l'égalité et matérielle et morale, et ne tient aucun compte des mérites, il est clair qu'il quittera le fauteuil présidentiel, pour revêtir le tablier blanc et tourner la broche. Cette profession est beaucoup plus commode et prête à moins de soucis. Messieurs, si vous trouvez un Président de la République à 3 francs par jour, je vous félicite ; mais je ne me charge pas de fournir le personnage.

Le premier magistrat de la cour de cassation, qui s'épuise dans l'étude des dossiers et des lois, s'il n'est pas mieux rétribué et plus apprécié que son concierge, s'empressera de déposer la toque et l'hermine pour aller vivre bêtement au fond de la loge. Le portier du palais de justice étant nourri, logé, vêtu comme son chef hiérarchique, sa vie dégagée de toute préocupation professionnelle est infiniment plus enviable.

L'homme d'État, le Législateur, le Ministre auquel ses fonctions ne rapportent que des déboires agrémentés d'un salaire de 3 francs, descendra dans la foule, abandonnant les rênes qui ne trouveront plus d'amateur pour les reprendre.

Voyez le médecin de campagne, Messieurs, qui a sacrifié jusqu'à 25 ans la meilleure partie de sa jeunesse pour apprendre l'art de guérir toutes les souffrances humaines. Le jour et la nuit, il n'est plus une heure dont il dispose librement. Il est investi de la mission de soigner toutes les santés, excepté la sienne. Sa triste existence se passe à côté des mille infirmités dont les défaillances de la nature offrent le spectacle.

A honoraires égaux, le cocher hissé à une voiture de place se serait choisi une carrière bien plus alléchante et moins périlleuse. Seriez-vous étonnés que le docteur déposât le bistouri pour prendre le fouet ?

Où découvrir le jeune homme qui voudra passer dix années sur les bancs de l'école pour conquérir un diplôme d'ingénieur, s'il ne peut pas en espérer une position plus lucrative que celle d'un simple manœuvre !

Que de métiers, Messieurs, que d'emplois manuels ne vaqueront pas à leur tour en raison de la peine qu'ils demandent, du péril qu'ils entrainent et de la répugnance qu'ils inspirent.

Si l'ouvrier qui s'occupe au chantier à abattre le charbon, n'est pas mieux rétribué de ses labeurs que celui qui travaille à la surface, combien en trouverez-vous qui se résoudront à descendre dans la mine ? l'ardoisier touchant le même salaire que le balayeur de rue ira-t-il exposer sa vie au sommet de nos édifices ? Le conducteur de locomotive qui encourt tous les dangers du railway, ne préférera-t-il pas s'installer paisiblement devant la machine du tailleur ? Et le prolétaire qui consume ses forces avant le temps dans une verrerie, une usine de zinc ou de produits chimiques, ah ! il serait insensé s'il ne s'empressait pas de quitter ce milieu fatal pour aller goûter le plaisir des travaux champêtres.

En un mot tout le monde préférera naturellement les fonctions les plus faciles. La société devra donc pour obvier à cet inconvénient imposer à chacun la nature, le temps et le lieu de son travail ; elle l'imposera au père, à la mère et aux enfants. N'est-ce pas la plus dure des servitudes ?

Distributrice des produits, la société devra, sous peine d'aboutir immédiatement à la famine universelle, déterminer la quantité et la nature des aliments, des vêtements et des amusements de chaque citoyen. Elle devra fixer l'étendue et l'ameublement de sa maison puisqu'elle aura seule la charge et le pouvoir de fournir l'habitation. Elle devra fixer la région, le pays où chacun séjournera, faute de quoi les pays à température rude et malsains seraient bien vite désertés et les autres encombrés ; les campagnes où les plaisirs sont rares, resteraient vides et les villes surabonderaient. — L'éducation des enfants appartiendrait nécessairement à l'Etat qui, seul, en ferait les frais, désignerait leurs maitres, déterminerait la nature de leurs études, leur apprentissage etc... A lui aussi, unique propriétaire du papier, des imprimeries et des librairies, appartiendraient exclusivement la direction et la publication des journaux et des livres.

Ce serait, on le voit, la servitude la plus complète, la plus universelle qui se puisse rêver.

Un autre résultat de l'application de la doctrine socialiste serait de provoquer l'envie des citoyens les uns contre les autres, de susciter des délations et des récriminations perpétuelles.

L'État étant chargé de répartir tout le travail et tous les

produits du travail, commettrait inévitablement de nombreuses erreurs. Chacun se croirait moins bien partagé que son voisin, plus chargé de travail, ou moins bien nourri, moins bien vêtu, moins bien amusé.

Chacun ayant intérêt à ce que les autres ne dépensent pas au delà du nécessaire, puisque les dépenses seraient prises dans la bourse commune, et à ce que les autres aussi travaillent le plus possible, on voit quelle inquisition, quelles plaintes, quelles haines naîtraient fatalement, et partout d'un pareil système.

Aujourd'hui, le pauvre jalouse le riche et se plaint, mais il sait que les inégalités dont il souffre découlent en grande partie de la nature même des choses et il fait de nécessité vertu. Dans le système socialiste au contraire qui fait tous les hommes égaux, au point de vue du travail et de la jouissance, le citoyen serait dans son droit en surveillant le travail et les dépenses des autres, en se plaignant et en luttant pour être traité sur le pied d'une réelle et complète égalité. Ce serait donc la discorde et la lutte entre les citoyens à l'état permanent et pour ainsi dire légal.

Une dernière conséquence de ce système serait la pauvreté et la misère universelle. En effet qu'est-ce qui produit dans un pays l'abondance des biens de la vie ?

C'est d'abord en dehors de la fécondité naturelle du sol, l'activité du travail intellectuel et manuel. Plus les habitants d'un pays travaillent de la tête et des mains, comme ingénieurs, agriculteurs, forgerons, mineurs etc... plus la masse des produits naturels et artificiels augmente. C'est ensuite la sobriété, l'esprit d'économie et d'épargne de ces mêmes habitants. Il est clair, en effet, que si la consommation est contenue dans les limites de la nécessité ou de la convenance, l'excédent des produits sur les dépenses ira croissant d'année en année, et cet excédent constitue précisément l'abondance d'un pays. Mais le travail productif, soit de la tête soit des mains est chose pénible, il exige des efforts qui fatiguent l'homme et épuisent sa vie; l'homme ne s'y livre que dans le désir de pourvoir à ses besoins actuels, d'assurer son avenir, de s'enrichir, d'élever sa famille et de faire un sort convenable à ses enfants. S'il n'a point à s'occuper de son avenir, ni de l'entretien de sa famille ; s'il lui est impossible de s'enrichir ou d'enrichir les siens, la société seule étant chargée de ces divers soins et ne permettant pas à d'autres de s'en occuper, l'homme ne fournira que le minimum du travail dont il est capable. Il travaillera en amateur et les produits utiles à la vie humaine diminueront inévitablement.

En même temps, la sobriété et l'épargne qui exigent des sacrifices deviendront choses inconnues puisque l'individu ne pourrait tirer aucun profit pour lui ni pour les siens des privations qu'il s'imposerait.

Reste, il est vrai, pour stimulant au travail et à l'épargne, l'amour du bien commun et de la gloire, mais un stimulant de cette nature ne peut influer que sur un très petit nombre de travailleurs et dans une faible mesure. La conséquence inévitable et très prompte de l'application du système socialiste, ce serait donc l'indigence et la misère universelles.

C'est ce que Léon XIII expose en quelques lignes : « En dehors de l'injustice de leur système, dit-il, on n'en voit que trop les funestes conséquences : la perturbation dans tous les rangs de la société, une odieuse et insupportable servitude pour tous les citoyens, la porte ouverte à toutes les jalousies, à tous les mécontentements, à toutes les discordes ; le talent serait privé de tout stimulant et comme conséquence nécessaire les richesses seraient taries dans leurs sources ; enfin à la place de cette égalité tant rêvée, ce serait l'égalité dans le dénuement, dans l'indigence et la misère. »

Telles sont, Messieurs, sans aucune exagération, les inconvénients immenses du système socialiste ! En fera-t-on l'expérience dangereuse ? Je l'ignore, mais ce que je sais, c'est qu'il y a des hommes aventureux, habiles à exploiter l'opinion publique et à séduire les masses.

Ces hommes sont peut-être convaincus que leur système est le seul remède à apporter aux maux dont souffre la classe ouvrière ; je les préviens qu'ils se trompent. Le christianisme est bien plus puissant, et nos neveux contempleront ce que nos pères ont contemplé : la victoire du Christ et le salut du peuple par l'Église.

TOUSSAINT

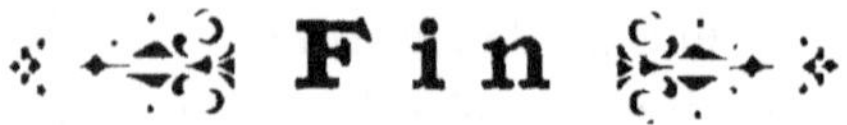